CW00847567

商业模式创新：

例子

作者：　　　邓耀兴博士

出版时间：2015 年

出版商：企业转机中心有限公司

发行地：新加坡

作者简介

邓耀兴博士著有经营管理类书籍多达 27 本。他的热销书《企业转亏为盈：护理生病公司康复》于 2002 年发行英文原版，收到管理专家 Philip Kotler 教授和商业巨头 Oei Hong Leong 先生以及 Y.Y. Wong 博士的大力支持。本书是邓耀兴博士的第二本关于商业模式创新的著作。

邓博士时任新加坡制造商总会副秘书长，领导新加坡创新和生产协会（SIPI），组织会议、调查研究、开展探讨、设立奖励机制，在全国范围内推进商业模式创新。

邓博士在亚太地区从事企业转机、策略规划、运作管理工作已有 30 余载，其间在跨国公司和上市公司担任执行总裁 20 余年，曾为数家上市公司的董事会提供运营建议。

邓博士 25 年前加入新加坡执行委员会，并于 2000 年至 2004 年担任国家团体新加坡市场协会的主席。此外，他曾担任南澳大学校友会主席以及特许管理学会新加坡分支主席，时任新加坡国立大学 MBA 校友会主席。

邓博士在南澳大学荣获经营管理学博士学位，在新加坡国立大学分别荣获工商管理硕士和机械工程学士学位。

邓博士是新加坡注册的从业管理顾问（PMC），持有培训与评估高级证书（ACTA）。他是新加坡专业工程师和英国特许工程师，并且是英国特许市场营销协会（FCIM）、欧洲特许管理协会（FCMI）、美国机械工程师协会（FIMechE）、新加坡市场协会（FMIS）、英国电气工程师协会（FIEE）的高级会员以及新加坡电脑学会（SMSCS）的资深会员。

商业模式创新：
例子

商业模式创新的基本原理

上世纪 90 年代，随着计算机信息技术在商业世界的普及与应用，"商业模式创新"成为流行词汇。虽然商业模式创新多指公司的经营之道，不过也有许多经营者将其视为增强市场竞争力的有效策略。

全球化之智能手机

在新的市场竞争格局之下，商业模式创新日渐受到重视。手机产业的发展就是一例。总部位于芬兰的跨国公司诺基亚从生产移动通信产品逐步发展成为世界领先的手机制造商，并在销量上打败美国竞争对手摩托罗拉。需知，摩托罗拉公司成立于 1928 年，曾在手机产业及诸多其它技术领域叱咤风云，直到诺基亚崛起。事实上，作为固态技术发展的开拓者之一，摩托罗拉于 1958 年推出的晶体管双共车载对讲机促成了晶体管收音机的发明。1983 年，摩托罗拉又推出第一款商务手机。在此成就之上，摩托罗拉继续发展其它公司也在发展的产品，但它总能做得更好。

而诺基亚于 1999 年宣布其手机销量达到 3700 万部，实现 81%的高增长，这足以让摩托罗拉黯然失色的数据使得初露头角的诺基亚在手机产业声名大噪。尽管摩托罗拉仍在模拟手机领域位居第一，数字电话的头筹则被诺基亚夺了去。在简单设计、便捷使用以及备用电池性能方面，诺基亚显然做得更好。然而，诺基亚的商业谋略并不在于和摩托罗拉来一场硬碰硬的竞争，而在于用芬兰久负盛名的世界级设计水准来推出更好的产品。从林业公司起步的诺基亚在手机产业创下了辉煌篇章。不过，它的成功如昙花一现——由于没有随时代变化而转变商业模式，诺基亚如今已光环不再。

2011 年苹果手机销量超过诺基亚。苹果公司创始人史蒂夫·乔布斯一开始对手机产业可谓全出所闻，没有任何背景铺垫。不过他大学中途辍学，却是一位出色的商人，看到了史蒂夫·沃兹尼亚克所组装的奶油苏打电脑的潜力。乔布斯以"让电脑成为家家户户的必备品"为愿景，创立了苹果电脑公司。他的产品操作简易、设计一流，获得巨大成功。

尽管乔布斯开始进军手机产业时对它并不了解，但他凭借独特的商业模式打败了诺基亚——为 iPhone 手机配备便捷的应用软件。这一理念旨在满足消费者从购物理财到拍照录音等的日常需求。苹果公司并不自己研发全部应用软件，而是邀请第三方介入，让使用者依据使用情况在苹果商店为第三方的软件在线评级。这一举措使得 iPhone 对所有消费者都备具了吸引力与价值。乔布斯于 2007 年宣布发售 iPhone，并以迅雷之势占领了手机市场。

然而，三星公司又在 2014 年取代了苹果作为移动设备供应商的世界领先地位。三星推出 Galaxy Note 超大屏和 S pen 之初曾受质疑。但是，虽然这一模式并不新鲜，它的时机却是正好，因为不少消费者都认为苹果、诺基亚和黑莓的屏幕太小，浏览、键入不方便。三星 Galaxy Note 系列的手机接近平板电脑，所以很快步入正轨，获得了世界范围的认可。在手机渐具平板功能、平板大小渐向手机看齐的时代，手机平板问世，其时机把握得恰到好处。

然而据称，三星的 S5 抄袭了苹果的 iPhone 5S,于是两大商业巨人卷入了一场手机专利权的世纪大战。不过，不可否认，三星依靠其 Galaxy 系列取得了巨大成功。据美国市场研究公司市场分析公司数据，三星 2014 年第二季度的 4G LTE 手机销量达 2860 万部，占市场份额 32.2%，而苹果同期份额却由 40.5% 下降到 31.9%。三星不同的商业模式表现为竞争手机屏幕多元化以及主导安卓市场——这一模式非常有效。

2014 年第四季度，苹果卷土重来，推出超大屏幕的 iPhone 6，推动了市场份额的提升。正当人们以为苹果会随着乔布斯逝世而衰落的时候，这一仗打得耳目一新。

无独有偶，随着中国智能手机制造商小米和酷派的诞生，三星和苹果在中国的市场份额开始下降。这些中国制造商仅仅模仿三星和苹果，使自己的产品更加物美价廉，而这一商业模式也得以成功运营。

在今天激烈的格竞争局之下，须臾间从登台亮相到气数将尽的世界级智能手机制造商已是屡见不鲜。摩托罗拉、黑莓、诺基亚的迅速衰退，苹果、三星以及一些中国手机制造商的兴起，这些都诠释着商业模式创新的重要性。

网络公司在中国

要进一步了解商业模式创新的重要性，只需看一看中国最大的网络公司阿里巴巴的发展史。2014 年第四季度，阿里巴巴首次募股上市，市场金额 250 亿美元。这一融资金额超过了 221 亿美元的中国农业银行，并居于世界榜首。毕竟，阿里巴巴拥有超过 6000 万的注册用户，是中国炙手可热的网络交易平台。[1]

阿里巴巴的营销策略改变了网络市场的未来。及苹果、谷歌、微软、脸谱网等之后，它成为世界第八大科技公司。阿里巴巴并非家喻户晓，但是它有数百万用户进行大额买卖，所处理交易量多于其它任何电子商务公司。其创始人马云参照并融合谷歌、易趣、贝宝和亚马逊的成功商业模式，将之应用于中国的背景之下。这是商务模式创新领域颇具代表性的一课：学习不同产业、不同国家、不同文化的商业模式，并将融会贯通的理念运用在自己的市场。

中国另一个成功使用跨领域交汇商业模式的例子是百度公司。说到搜索引擎，谷歌绝对是领头羊，然而中国的搜索平台百度却成了它的一个主要威胁。百度主要面向中国网民，在中国占有 60%以上的市场份额。它以独特的商业模式创新为模本，着力开发中国市场；所提供的附加性能包括百度 Hi 聊天软件、百度在线游戏、百度地图、百度新闻、百度云网盘、百度杀毒软件排行榜以及百度音乐等等，这些都成为谷歌所没有的优势。百度凭借不断跟进最新技术，成为中国成长最快的搜索引擎。此外，它还是第一家跻身纳斯达克前 100 的中国公司，估有检索页 7

---

[1] http://www.forbes.com/sites/ryanmac/2014/09/22/alibaba-claims-title-for-largest-global-ipo-ever-with-extra-share-sales/

亿 4 千万以上，其中包括 8 千万图片浏览页和 1 千万媒体文件。²

新加坡——从第三世界到第一世界的跨越

还有一个成功运用商业模式创新的范例——新加坡，一个从渔村蜕变为第一世界经济体的国家。这里，你可以看到许多成功的商业模式：

1. 裕廊工业区：由沼泽地转型为主要工业园区；

2. 裕廊岛：有几个小岛组成，转型为主要石油化工园区；

3. 新加坡建屋发展局：成功为 80%以上的人口提供了干净宜居的住房；

4. 新加坡航空公司：世界一流航空公司之一；

5. 新加坡新生水厂：将污水转化为饮用水，减少新加坡对马来西亚的饮用水购买依赖；

6. 新加坡吉宝企业：从一家普通的工程与造船企业转变成为世界最大的岸外海事集团。

新加坡能够战胜强劲的竞争对手，是因为它更快、更好地进行了商业模式创新；另外，新加坡取得今天的成就，还要归功于它出色的商业策划与谋略。

韩国之韩流文化

---

² http://www.icmrindia.org/casestudies/catalogue/Business%20Strategy/BSTR293.htm and https://web.archive.org/web/20060501050256/http://moneycentral.msn.com/investor/research/profile.asp?Symbol=BIDU

韩国有名不只是因为有三星、LG 和现代这样的跨国公司；韩流音乐、韩剧还有尽人皆知的鸟叔的江南 Style 等等也都显示出商业模式创新的多元化。即使那些并非传统产业，其经营策略也归在享誉世界市场的商业模式创新之列。

韩流音乐赶超日本流行音乐，红遍亚洲，而且准备红遍全球。它的成功并非偶然。事实上，韩流音乐的市场宣传非常好，系统计划很完善，能够将全球影响力最大化。就商业模式改变而言，韩流音乐发展凭借如下优势：

1.歌曲风格多样，配有精湛的舞蹈；

2.准备系统完善，为全球观众打造优质服务；

3.音乐发行积极利用 YouTube、推特、脸谱等社交网站；

4.消费者和韩流音乐粉丝的喜好二者兼顾。

利用韩国明星在全球受到的欢迎，新的音乐品牌与商业公司联手，开始营销周边产品、推出旅游线路等。其它产业获益的同时，韩流音乐的声望和世界影响力也在提高。每年有超过 30 万人参加选秀试唱来竞争 300 个艺人的位置，可见韩流音乐声势正旺。选秀比赛在全球范围举办，包括美国、加拿大、新加坡和泰国。此外，欧洲也有韩流音乐的庞大粉丝团。2011 年 1 月，YouTube 的韩流音乐视频点击量高达 230 万，观众群覆盖 235 个国家[3]，虽然韩流音乐的歌曲是韩语。

韩剧同样取得了巨大的成功，全球的韩剧粉丝数以百万计。这些电视剧很大程度上依赖于新兴的网络平台，并且以反映韩国独有的文化为特征。这极大地提高了韩剧人气，很多公司组织也与韩剧节目合作，为观众提供更多相关产品。

---

[3] http://www.korea-marketing.com/lessons-from-k-pops-global-success/

韩剧的市场化在商业战略方面独树一帜，在当今世界娱乐圈内有着重要的位置。[4]

另外，韩国在整形手术这一领域也有出色的商业创新战略。韩国培养了这样一种全新而独特的理念：整形手术能够极大改善人们的生活，毕竟很多人都想拥有漂亮的外表。这一理念使得整形手术被多数人接纳为一种生活方式，也使它成为韩国文化的一部分。最近数据显示，每年全球有 1500 万人进行整形手术，而韩国这一人群所占总人口的千分比是最高的。[5]

也有很多人认为，韩国的音乐和电视剧之所以大红大紫，就是因为很多明星都做了整形手术，其中包括"江南 Style"的演唱者鸟叔（其唱片公司要求他做整形手术）以及 2012 年的韩国小姐。韩国好像已经完全接纳了整形手术，而这一潮流也在走向全世界：成千上万的海外游客到韩国就是为了做整形手术。韩国美容产业经营者审视现有的商业模式，并考虑不断变化的需求，从而进行创新以保持其领先地位。[6]

诺基亚超越摩托罗拉，苹果超越诺基亚，三星超越苹果，还有阿里巴巴腾空出世，新加坡成功转型为世界第一经济体，韩国为其韩流音乐与韩剧赢得世界的关注……这一切都由一只看不见的手在操纵着——商业模式创新。要了解它的运作机制，首先要学习有关基本概念。

下一模块主要回答以下问题：什么是商业模式？什么是创新？"商业模式创新"是指什么？

---

[4] http://entertainment.inquirer.net/152866/korean-drama-fever-hits-us
[5] www.dailymail.co.uk/health/article-2271134/15million-people-plastic-surgery-world-just-year--SOUTH-KOREA-leading-way.html
[6] http://blogs.wsj.com/korearealtime/2013/06/05/making-a-case-for-cosmetic-surgery/

商业模式

已出版的商业经营类书籍对"商业模式"的定义不尽相同。《商业模式新生代》（2010）一书将其定义为企业"创造价值、传递价值、获取价值"的基本原理。这里的"价值"是从经济、社会、文化的综合角度来看的。此外，商业模式的非官方描述还涉及产品与服务供应、经营策略与实践、企业目标以及企业政策与业务流程等方面。

企业背景下的商业模式是指企业为赚得利润、实现盈利而从消费者一方获取价值的组织或策略。商业模式也可以理解为企业创造、传递、获取价值以及管理基础设施、提供无形或有形服务、满足顾客需求等。

本书将商业模式创新定义为：企业在恰当的时机与格局下获取、创造、发展并传递其对客户和市场的价值主张。将时机与格局纳入考虑范围，这个定义涵括的因素也更多了。当商业模式创新把握了最佳时机，其它企业劲敌或是政府都无力阻止。这一点已有不少成功的现代商业模式为例，比如社会媒体、网络平台、商务贸易、特许经营等。另外，企业组织还把商业模式视为探索未来发展可能性的"秘密武器"。

虽然商业模式可以相似，企业经营却非如此。企业经营者需要对其商业模式进行创新或再评估，以得出适合自身的模式。所应考虑的问题包括：我是谁？我的合作伙伴是谁？如何获取和创造价值？现行商业模式能否持续发展？

创新

"创新"的定义也不一而足：

1. 创新是采取更好的方案以满足市场需求。(Maranville, 1992)[7]

2. 创新是打入一个市场或一个社会的新颖、原创、重要的事物。 (Frankelius, 2009)[8]

3. 对创新研究卓有功勋的经济学家约瑟夫·熊彼特认为创新是企业为提高效率、降低成本，所以有了重新组合生产方式的创新需求。 (Schumpeter, 1943)[9]

本书将"创新"定义为成功付诸商业实践的优秀计划。这里的关键词是"实践"，否则计划只能是计划、毫无价值。关于创新还有以下几点需要注意：

1. 创新是指用新的事物创造新的事物；

2. 创新成果需要满足市场需求或者有创造新需求的能力；

3. 创新对所有产业都很重要。

究竟什么是"商务模式创新"？

商务模式创新是指：为满足消费者需求，企业推出新的经营策略或改变、完善、升级现有商业模式。其主旨在于提高利润。其目标在于扩大企业影响力，与潜在商务伙伴建

[7] Maranville, S (1992), Entrepreneurship in the Business Curriculum, Journal of Education for Business, Vol. 68 No. 1, pp.27-31
[8] Frankelius, P. (2009), Questioning two myths in innovation literature, Journal of High Technology Management Research, Vol. 20, No. 1, pp. 40. 1
[9] Schumpeter, J. A. (1943), Capitalism, Socialism, and Democracy (6 ed.). Routledge. pp. 81p.

立合作关系，提供新的服务、产品或技术，或者以企业价值主张为出发点打开全新的市场。

对现存企业而言，商业模式创新可以提供对抗竞争者、遏制新兴企业的经营策略。对新兴企业而言，商业模式创新可以助力获得市场青睐、提升企业地位。脸谱网、贝宝和网络信使（Whatsapp）都是凭借商业模式创新，仅在十年之间平步青云，从新兴企业成长为今日的商业巨人。

科技是商务模式创新的重要因素。虽然商业活动在互联网诞生之前就已存在，但是企业经营者随之发现科学技术能够带来更深刻的影响，于是他们转变商业模式，使商业活动的发展因为科技而如虎添翼。现在，多数商业模式都将科技创新融入其战略措施。

然而，互联网这样具有颠覆性的技术虽然可以加速商业模式创新，却不能保证它的一体性。企业经营者在改变、修整、升级现存商业模式的同时，还应考虑决定企业运营核心的重要因素。

例如，模式创新（尤其在环境和竞争方面）的需求部分源于经济学这个外部因素。由于人力资源等经济资源有限，企业竞争不只体现在提供最好的产品或服务，更体现在拥有好的人才来开展这些工作。在金融服务行业，各公司经常从竞争对手那里挖墙脚，吸引优秀的财政顾问、证券咨询顾问和经理为自己工作。其它外部因素还涉及改变消费者的行为习惯——虽然消费者受教育程度越高，要求也越高越复杂。

除了科技、经济学、消费者行为之外，其它影响企业组织发展的因素包括政治、法律、环境、文化以及生态因素。例如，法律因素方面，企业的重要目标在于通过商标、专利注册和产权保护等手段，保证其有形或无形产品不被非法复制或盗用。

而一家企业能否鹤立鸡群、独放异彩，则要看它的顾客、竞争者、合作伙伴以及企业整体规模等外部因素。比如，中小型企业（SMEs）就其属性而言，在适应性和创新灵活性方面都比大型企业更具优势。

另外，商业模式创新能否成功实现，很大程度上取决于内部因素，其中包括：企业创新目标与策略、对创新项目的开放接纳程度、企业管理与经营手段。为把握好内部因素，企业经营者需要提高企业创新灵活度，渗透创新文化到各阶层，并与主要商业伙伴密切合作。

开放式创新项目要求企业综合内部与外部因素，将整体创意融入自己的商业架构之中。开放式创新虽然可以带来益处、增强企业创新能力，但是将其付诸实践并不简单，它要求经营者同时从企业的内部与外部汲取可用因素，实现企业独具一格的开放式创新。

商务模式创新和设计思维

在新加坡，商务模式创新的概念经常与设计思维交替使用。维基百科对设计思维的定义为"设计者在设计过程中的以设计为导向的认知活动"。不过，商务模式创新的实践者主要是执行总裁或企业负责人等商务人士。所以，商业模式创新的覆盖面更广，因为企业执行总裁处理的问题比设计者的问题更多更深刻。

商业模式创新的设计思维表现为学习、使用技术与策略，最终为公司带来新的价值趋向的经营方案。换言之，设计思维的目标就是为企业的产品或服务创造市场机会。基于此，可以说设计思维是商务模式创新的一个分支，因为后者的范围更广，涵盖了前面讨论的外部与内部因素。不过虽然是分支，如果企业的设计思维薄弱，其商业创新模式极有可能也很薄弱，因为二者是紧密相关的。

价值主张

产品与服务创新是商业模式创新的一部分，许多企业也选择从这里着手提高竞争力。然而，商业模式创新的核心并不在于此。一家公司从成立之初可能会提供同样的产品与服务，即使价格和包装几经变化，如果价值主张不变，销量也很难有质的飞跃。

平衡计分卡的创始人卡普兰和诺顿认为，价值主张是基于不同顾客价值主张的策略。[10]也就是说，令顾客满意是持续创造价值的前提。例如，美国富国银行的价值主张强调满足顾客的金融需求、帮助顾客理财。

换言之，价值主张就是满足支付特定产品或服务的顾客的需求。以下情景可以帮助理解价值主张的含义：

1. 现在许多旅馆饭店等企业都有移动应用软件让顾客更早、更快地预订房间或桌位。然而，它并不能保证最佳服务：虽然顾客提前预定了，但是如果比预定时间早到，还要等很久才有房间或桌位，那么价值主张就下降了。

2. 顾客要从银行进行财务贷款，必须填写签署一堆文件。这些文件随后递交到银行相关部门加以审阅，决定是否批

---

[10] Robert S. Kaplan; David P. Norton (1 February 2004), Strategy maps: converting intangible assets into tangible outcomes. pp. 10

准。尽管多数银行已经计算机化，但由于工作人员训练不到位，计算机的利用率很低。于是很多顾客要等上数月才能知道贷款申请是否获得批准。另外，顾客还需要本人亲自到银行递交所需文件。不过现在一些智能银行已经为顾客提供了网上在线服务。

上述事例体现了传统习惯的商业模式仍在运行，而顾客对价值的要求则愈发提高。若要满足顾客需求，情景 1 的旅馆饭店可以改善登记程序以缩短顾客等待时间，情景 2 的银行可以提供联系顾客的便捷备选方式（如通过邮件接收文件扫描件，用类似方法更快通知顾客的贷款状态）。

以上两个情景中，银行、饭店和旅馆都应该检查自身的操作流程，以使其简单化、合理化。服务流程化意味着雇员提高工作效率，从而令顾客满意，为企业带来更多利润。

昔日的成就≠未来的辉煌

很多企业失败，是因为他们的商业模式停滞不前、顾客价值主张腐朽生苔。柯达就是一例——它险些落入这所谓的停滞圈。然而很多人都不知道：我们今天的智能手机或数码相机背后的技术发明者其实是柯达。

1975 年，柯达公司研发的一些列数码相机囊括了一千多项创新技术，其中包括 140 万像素的传感器、滤色器、以及 JPEG 标准的图片压缩法。之后，柯达独占数码相机帝国的宝座，直到被其市场主导地位蒙蔽了双眼，错过了初升的创新浪潮。

处于成功顶峰的企业也最容易失败，因为他们更自满于现状，而忽视时代的快速更替。诚然，人们会有这样的错觉：一个带给企业数年成功的商业模式无需改变。然而，商业模式的更新换代极快；拒绝承认并接受这一事实、坚持走落后的商业模式，企业的未来只会危机重重。

不变的是变化

不能拥抱改变、利用改变的企业被淘汰只是时间问题。改变虽不一定是变革，但变革的觉悟还是必要的。当改变的潜力发挥到极致，它就成为了企业获得更强市场竞争力的终极武器。

拒绝改变会阻碍企业进一步开发其成长期权。如果企业负责人以传统保守的观念从事经营活动，那么他们的选择就会受限，商业活动就会受到桎梏，最终淡出竞争愈演愈烈的市场。

至此，我们讨论了变化与创新的重要性。然而，即使是乐于改变和创新的企业也不一定成功，因为战略策略同样重要。我们将在下一章了解战略策略在商业模式创新中的角色。

商业模式入

1. "剃刀与刀片"模式

"剃刀与刀片"模式也被称为"饵钩"模式或"搭售"模式，起源于吉列公司。许多企业都钟爱并贯彻这一理念。其主旨在于低价出售（或免费赠送）基本产品，但与之相关的消耗品或服务则定价较高。吉列公司通过免费赠送剃刀，打开了市场对其替换刀片的需求；因为替换刀片是成本价的数倍，所以吉列公司得以发展壮大。

不少企业纷纷效仿这一模式并取得成功。例如，惠普的打印机与墨盒，苹果的 iPod 与 iTunes，以及不胜枚举的移动网络提供的手机与通话时间业务，这些都是"剃刀与刀片"的形象组合。产品之间相互捆绑，如果不补充追加相关消耗品，初始产品也会失去价值。也正是如此，搭售模式往往可以帮助极大地提高产品销量。

2. 直销模式

直销是指不通过零售商或经销网络，以上门推销、游说宣传、以及商品示范等方式向消费者直接销售产品。从日常用品的洗涤剂到高科技产品与设备，可以直销的产品与服务种类不知凡几。直销模式依靠雇佣员工或独立承揽人销售产品，直销员据其销售业绩分得红利。当然，也有一些承揽人签订合同是为了以折扣价购得产品供自己使用。

3. "砖块加鼠标"模式

"砖块加鼠标"模式把线上与线下商业经营结合起来，使顾客可以网上购物、实体店提货，或者选择快递送货上门。走这一模式的经营者可以从实体店起步，之后建立其网络平台；也可以从网店做起，然后建立实体店。

因为线上与线下相融合，所以潜在客户增多，现有客户群也可得以扩大。此外，消费者能够到店订购、咨询或是解决其它问题，这使得"砖块加鼠标"模式给消费者一种安全感；但是只有线上服务的虚拟平台则不尽然。

另一方面，也有一些企业选择这一模式的镜面模式——"鼠标加砖块"。例如，美国纽约的 Proper Cloth 从网店起步，随其产品需求的增大，能让顾客实际接触、感受其产品的实体店也越发必要。

4. 加盟连锁经营模式

特许经营，或加盟连锁，是指承袭另一公司的商业模式进行经营活动。特许经营授权者允许特许经营人使用其商标、产品和服务。经营人按约定的销售百分比支付授权费以及权利金。麦当劳是这一模式的范例。

加盟连锁经营的授权人和经销代理双方都是受益者：前者坐拥可观的权利金和授权费，能够全权管控后者的商业活动，并履行义务保证企业形象与企业运营的统一；后者则能够使用前者成功的商业模式，在短时间内开展企业经营活动。

5. 免费增值商业模式

这一模式较受开源公司的青睐。它将"免费"与"增值"纳入定价策略，通过为用户提供绝佳的免费服务体验，营销电脑软件与应用以及其它数码产品。此外，它也依靠口碑传播等营销策略，在潜在客户间宣传其免费或精简版产品。

消费者若要解锁或使用产品的增值属性与服务，则需支付额外费用。免费增值商业模式的关键在于其产品或服务能够令试用者满意，认为值得购买。使用这一模式的知名企业有 LinkedIn，Spotify 和 Evernote.

免费增值模式最值一提的企业也许是成立于 2011 年的 FreedomPop。起初，FreedomPop 提供免费的无线网络服务，不过很快就扩展到了移动通讯服务领域。它一改普遍的客户契约模式，让消费者能够购买折价手机或使用现有的手机，通过互联网协议电话（VoIP）业务享受一定数量的免费短信与通话时长。这样，消费者就能以更低的月租发更多短信、打更多电话。

FreedomPop 之所以能做到这一点，是因为它向风险投资公司（主要是 Mangrove Capital 和 Doll Capital Management）集资，并力求将成本降到最低。FreedomPop 只出售二手翻新智能手机，所以手机不仅价格实惠，而且使用寿命得以延长。此外，FreedomPop 还与美国第三大移动运营商斯普林特（Sprint）合作，使得斯普林特以前的用户（合约已过期）免月租激活翻新手机或现有手机。

6. 溢价商业模式

溢价商业模式并非免费增值商业模式，因为它不提供后续的免费赠送。然而，这一模式的企业以向目标客户出售高端产品为主要获益途径。因其产品定价较高，企业往往获益颇丰；而这一稳定的收益可以降低投资风险与要求，是溢价商业模式的一大优点。

不过，这一模式要求企业产品优越的性价比换来顾客对其品牌的忠实度。走溢价商业模式的成功范例有 Rolls Royce 和 Tiffany，以及新加坡航空公司。

7. 每日团购模式

每日团购，或一日一购，是指消费者只能在特定的一天订购某款产品或接受某项服务。零售商加入交易网站，比如 www.woot.com 或者 www.groupon.com，将某些产品或服务放在限定时间为 24 小时的打折专栏中。交易网站从成功交易中收取一定比例的管理服务费。

每日团购模式的助推器有大众传媒和邮件营销等。用户在交易网站注册之后会收到每日团购的产品信息邮件。一定数量的订单达成之后，交易费用会从消费者的信用卡划出。然后，交易网站会发送现金抵用券的邮件；消费者应该在指定时间内使用抵用券，过时则商品回复原价。

8. 先成长后收益模式

此模式利用起初创建的存货清单，专注成长，然后收益。其典型范例是现在世界上最大的网络零售商——亚马逊（www.amazon.com）。

亚马逊成功的秘密在于它对企业成长的重视：亚马逊公司首先关注的不是收益，而是核心竞争力。它专注于扩大存货清单与存货空间，实时跟进当今互联网时代的市场行为变化，并将价格主张从书籍扩展到便于船运的更多产品项目。之后，它又开展经纪业务，允许二手书籍和第三方销售商进驻。

亚马逊对企业成长的专注势不可挡，即使是以利润为代价。但是这一投入使得亚马逊具备了非同寻常的规模，继而成长为今天最大的网络零售商；而这一角色又为亚马逊吸引着众多投资者与源源不断的商业机会，收益也逐年攀升。

9. 在线拍卖模式

基于拍卖的商业模式存在已久。诸如古董艺术品等没有标准市场价格的商品会在拍卖中由公众竞价；出价最高的人购得拍卖品，拍卖经纪人从每桩成功的交易中赚取提成。

拍卖活动随着科技发展如今也囊括了在线竞拍交易。EBay大概是现在最大的竞拍网站，它的二手产品、收藏品、全新产品等琳琅满目。在线拍卖商业模式通过吸引大量用户浏览界面并参加产品竞拍以获取收益。

在线拍卖模式的商家会告知其用户竞拍产品的价格灵活多变，而且参加在线竞拍对起始资金没有要求。不过，也正是因为竞拍产品的价格是竞标最高价，所以这一模式的经营者能从成功交易中获益多少也无从估算。

10. 订阅模式

订阅模式能够保证经营者在一段时间内收入稳定，已经迅速发展普及开来。它同订阅者达成协议，约定顾客在给定时间段内以固定的价格或固定分期款额使用其产品。采用这一模式的企业包括报社、杂志社、有线电视公司、电话公司和移动网络公司。最近，一些服装公司、食品公司和保健公司也开始采纳这一模式。

订阅模式的吸引力源于它以分期付款的形式让昂贵的支出看起来可以负担。对经常使用某一产品的顾客来说，订阅模式还可以省去每次都要购买产品的麻烦，从而使消费行为更加便捷、高效。

另一方面，公司企业在合约规定时间段内拥有收益保障。顾客通常需要提前支付订阅金，合约期满之后还可能继续订阅。所以，这一模式不仅有可预算的收入，而且有较低的运营风险或不确定因素。

11. 众包模式

众包，即利用社会的创造型人才，是广泛应用于数字时代的一种新型商业模式。其经营者将问题与任务外包给大众网络，收集数字网络用户和社会团体的答案、构思想法以及解决方案，然后选出最佳方案，并给予提供者有形或无形的回报。

众包模式有以下优势：第一，企业无需聘用雇员也能找到问题的解决方案，而且因为答案多元，有时会反映出考虑问题的不同视角，这公司本不会考虑的方面往往成为良好的发展切入点；第二，对于开展调查和发展完善产品与服务来说，此模式成本很低。

众包模式还可用于分配工作任务或者为项目、企业或慈善事业集资。一些众包网站有 www.kickstarter.com，www.odesk.com（自由职业者网站），以及 www.youtube.com 等其它由用户生成内容的网站。

另一个范例是 Community Sourced Capital (CSC)。企业向 CSC 寻求运营资金，CSC 对其项目价值与可行性进行调查，然后从社会集资。CSC 仅于 2014 年 9 月初即成功帮助了 28 家公司。

12. 多层式推销模式

多层式推销是直销的一种，也被称为网络营销和推荐营销。这一模式的公司销售部门不仅销售产品，而且雇佣帮助销售产品的人。销售部赚取双重利润：部门的销售回扣加雇员的销售回扣。

虽然多层式推销模式多被诟病，但是实践证明它是一个成功的商业模式，范例有雅芳(Avon)，安利(Amway)和玫凯琳(Mary Kay)。

总之，商业模式不断发展以适应变化中的商业格局。虽然没有适应所有境况的"黄金模式"，但是只要企业公司在需要时有改变改善所用模式的准备，那么多数模式都是可以适用的。

13. 回收生产模式

回收生产指从已用资源中提取可以用于再生产的原料及主要材料以生产新的产品。它要求分类降解废弃材料以及生产新的使用产品，对技术的要求较高。

现在很多企业都越来越重视废弃原料的处理，尽量避免直接运到垃圾填埋地。回收生产公司常接受聘请，帮助进行资源回收再利用。

北美公司 Waste Management（WM，废物管理公司）将垃圾变废为宝，甚至变为清洁的可再生能源，减少了垃圾填埋地的垃圾丢弃量，它是这一模式的绝佳范例。仅WM 一家公司生产的可回收电力资源就是美国整个太阳能产业的两倍。此外，它还将生物化肥转化为高端堆肥以供农民和当地种植者使用。

14. 你买我赠模式

这一模式是指顾客从商家购买产品或服务，商家转而将部分收益捐赠给慈善机构或慈善事业。对顾客来说，他们收获的不只是所购产品的使用价值，还有帮助他人、热心慷慨的成就感。使用这一模式的企业依靠消费者的口碑传颂，保证自身品牌和所倡导事业顺利发展。

你买我赠模式的企业将致力于慈善事业视为其公民义务，并且在提供资金或其它资源的补助品方面更具地域性、更快更高效。这一模式可以看作是直销模式、溢价模式、甚至剃刀与刀片模式的组合，它给予消费者权利，和消费者一起开展有意义的事业、改善公众生活。

此模式日前人气激增，但也有人批判说它的逻辑太多简单、效果不显著、不能真正解决实际问题。

2 Degrees Food 是这一模式的范例，它用所售营养棒的收益救助饥饿儿童，主要通过非营利组织向学校、社区、卫生所提供食物和补助品，并重点帮助儿童普遍营养不良或长期处于饥饿状态的地区。2 Degrees Food 的目标是向全世界 160 万名儿童提供食品救助；至 2014 年初，此目标已达成一半。

15. 合作所有权模式

合作所有权模式的企业为成员所有、由成员管理。其成员可以是存款人和借款人（如信用合作社）、承租人（如房屋合作社）、雇员、零售客户或服务对象。此模式要考虑多方面需求，包括顾客、雇员、供应商或其他重要伙伴、所在社区，有时甚至是环境。所以，运用这一模式的企业往往有更多联系更为密切的利益相关者。

从社会和结构的角度来看，这一模式的公司业绩通常比较优秀，因为决策过程，权、利分配、股权激励和会员所享折扣等都更为公平。但是，由于缺乏层级概念，工作检查不到位、权利间反而不平衡，所以别有用心的成员可以轻而易举地制造混乱。

优鲜沛（Ocean Spray）是一家知名的农业公司，其股东为 750 名蔓越橘和葡萄柚种植者。2009 年每桶蔓越橘市场价为 20 美元，而优鲜沛的持股人的蔓越橘每桶价为 64 美元。该企业 2009 年收益 20 亿美元，其股东受益匪浅。

16. 整装货源模式

若要创新商业模式，供应链（供应渠道或收益流）是首要问题。货源覆盖面最好广而全，所以从种植者和农夫那里直接购入货品（通常是诸如鸡蛋、蔬菜、肉类、奶类等的食物）的方法为许多企业采纳。

如此改善商业模式的公司一般与个体小农合作。虽然大型公司这样做难度更大，但是它可以帮助农民进行学习，从而显著提高货源的可达性，加强市场链接，牢固货源供应链条，从而为企业树立良好形象、建立卓著声望，帮助其在当地市场更好地立足。

沃尔玛把农夫视为直接货源已有数年。省去中间环节保证了农夫和沃尔玛两方都能获益更多；更重要的是，食品的新鲜有了保证。沃尔玛通过对遍及世界的约一百万名种植者、农夫和农场工作者的教育培训，实现了惠及各方的整装货源模式，为沃尔玛赢得更好的销量。

17. 差别定价模式

差别定价模式与上述的你买我赠(BOGO)模式比较相像，但二者的基本理念略有不同。BOGO 只是具有普遍的社会效应，而差别定价则是特别面向弱势群体的模式。常见的例子包括给固定收入微薄的老年人以价格优惠等。

另一个更具金融影响力的例子要看航空航天业：对于支付能力较强并想获得额外优等待遇的人，航空公司出售头等舱票；这让更多人购买经济舱票成为可能。

从全球视角看，这一模式在卫生、教育等基础服务行业尤为普遍。有人把它看作社会主义的模式（重新分配收入）。于 2000 年组建的连锁医院 Narayana Health 就实行差别定价。印度（以及全世界）的私人医院都把重心放在能够支付医疗费或有医疗保险的富裕的人身上；而 Narayana 的患者则多是穷人：它向富人收取全额医疗费，并将其用于治疗穷人；此外，它省去中介，直接同药品供应商议价，保持了较低的医疗成本。

Narayana 连锁医院现在 14 个城市设有 23 家医院（截止 2013 年 12 月），并计划在接下来的七到十年内将患者接纳容量增加五倍。另外，该企业还通过聊天软件 Skype 向非洲的发展中国家提供医疗咨询服务。

18. 消费者行为改变模式

使用这一模式的企业组织往往限于两难境地。商家通常向有需要的消费者提供产品或服务，比如：如果你想买一台电视机，可以轻松找到卖家，对方会简单高效地将电视机卖给你；但是，如果你并不需要买电视机，那么谁也不能轻易向你兜售。而使用行为改变模式的商家则必须说服目标消费者群体，让他们想要或变得需要其产品。

这一模式的商家通常向消费者提供与消费相关的知识，帮助他们跟踪产品或服务的使用情况。例如，某组织想改变烟草的消耗现状，它就可能会提供精准的历史数据甚至是实时信息，提醒你每次吸烟或消耗烟草所产生的影响。

此模式与其说是销售商品或服务，不如说是建立消费者对特定品牌的信任与忠实度，使其对企业的青睐落于只此一家。Patagonia 就是一例，它鼓励消费者修复旧产品而非购置新产品；此外，它还有一个"1%为了地球家园"的主张，即将其 1%的收益用于自然环境的保护与修缮。从这一点看来，它和你买我赠模式不无相同之处。这家企业 2012 年的年收益为 5 亿美元。

还有一例就是 2007 年成立的软件公司 Opower。它是全球很多实用程序开发商的重要伙伴，主张高效利用能源以节省能源、资金，减少温室气体的排放。它力争改变人们对能源消耗的看法，并加强实用程序公司与市场的联系。Opower 现在与美国十大实用程序公司其中的八家建有合作关系，产业涉及 90 款实用程序，并服务于全球 2200万户家庭。

了解了一些商业模式之后，在接下来的几章中，我们将学习如何成功策划并实践商业模式创新。

Printed in Great Britain
by Amazon.co.uk, Ltd.,
Marston Gate.